नज़्म जो लिख थ

ऋतेश मिश्रा

Presentation by *BookLeaf Publishing*

Web: www.bookleafpub.com

E-mail: info@bookleafpub.com

ISBN: 9789360947224

First edition 2024

मेरी ये पहली किताब समर्पित है उन 5 महिलाओं को जिनका मेरे जीवन पर सबसे गहरा प्रभाव है और मेरा अटूट जुड़ाव है। मेरी माँ श्रीमती कुमुद मिश्रा, मेरी स्वर्गीय बड़ी बहन ऋतु, मेरी छोटी बहन पल्लवी, मेरी सासू माँ श्रीमती शालिनी भार्गव और मेरी जीवन संगिनी श्रेया जिसके निरंतर प्रयास से मैं ये हिम्मत कर पाया हूँ।

मै आप सभी का आभारी हूँ।

अभिस्वीकृति

हर कहानी में ढेरों किरदार होते हैं और मेरी कहानी में भी रहे हैं। सबने हमेशा कुछ नया सिखाया है।कुछ दोस्त-रिश्तेदार पत्तों की तरह थे, जो पतझड़ आते ही टूटकर अलग हो गए। कुछ ने टहनियों की तरह तूफ़ान के आने तक लंबा साथ दिया पर वक़्त-बेवक़्त साथ छोड़ते गए। बच गये कुछ चुनिंदा लोग जो जड़ की तरह आज भी मज़बूती से साथ खड़े है, जिन्हे मेरी अच्छाइयों से प्यार है और मेरी बुराइयों की परवाह किए बिना मुझे एक बेहतर इंसान बनने के लिए प्रेरित करते रहते हैं।

मेरे जीवन की कहानी में अब तक के सफर के सभी बिछड़े या जुड़े हुए किरदारों को तहे दिल से शुक्रिया। मेरी हर कविता इन्हीं किरदारों से प्रेरित है और मुझे यकीन है के इन किरदारों के साथ-साथ नए पाठकों से भी मुझे इस छोटे से प्रयास के लिए ढेर सारा प्यार और स्नेह मिलेगा और आगे भी मिलता रहेगा।

प्रस्तावना

बचपन में अखबार की सुर्खियाँ पढ़ने से ये सफर शुरू हुआ। धीरे-धीरे साहित्य में रूचि बढ़ने लगी और उम्र के साथ कविताएँ, शेरो-शायरी और कहानियां सुनने में आनंद आने लगा। विद्या मंदिर की संस्कृति एवं शिक्षा पद्धति ने भी बौद्धिक विकास में बखूबी अपना योगदान दिया। दादी की लंबी और कभी ख़त्म न होने वाली कहानियों ने मन को हमेशा कौतुहल में रखा और हमेशा कुछ नया सीखने और जानने की ललक पैदा की।

किताबें जहाँ मिली उन्हें पढ़ने का मौका कभी नहीं छोड़ा। पढ़ते-पढ़ते कब अचानक खुद लिखने का शौक पनपा पता ही न चला। 2005 में पहली पूर्ण कविता कागज़ पर उतरी जिसे अपनों ने बहुत सराहा और आगे लिखने की प्रेरणा दी। मैंने अपने जीवन के हर खट्टे-मीठे अनुभवों को कविताओं की शक्ल में पन्नों पर उतारा है और हर कविता के पीछे उसकी अपनी एक अलग रोचक कहानी है।

एक कवि के रूप में ये मेरी पहली पुस्तक है और मैं ये उम्मीद करता हूँ की मेरा ये प्रयास आप सभी को पसंद आएगा और आप खुद को मेरी कविताओं से जोड़ पाएंगे। मुझे ये भी उम्मीद है के आपका स्नेह और समर्थन इस नई यात्रा को नई ऊंचाइयों तक ले जाएगा।

अनुक्रमणिका

नज़्म जो लिखे थे तुम पर

नज़्म जो लिखे थे तुम पर कई साल पहले सर्दियों में
जाने कहाँ छिटक कर गिर गए हैं वो मेरी डायरी से
मैंने बहुत ढूँढा पर कहीं ना मिला अब तक कुछ भी
हाँ मगर धुंधला सा याद है थोड़ा बहुत जोड़ कर देखूंगा
हर्फ़ दर हर्फ़
शायद कहीं वो अधूरी नज़्म मुकम्मल हो जाए

मैंने लिखा था उसमें कि कैसे हर रात पहर दर पहर
तेरे पहलू में गुज़रती हुई
मेरे जिस्म पर तेरे सुलगते होंठो के कई निशान छोड़
जाती है
पर सुरमई सुबह में जब अलसाई सी तू मेरे माथे पर
सूरज उगाती है
रूह मेरी तेरे सजदे में कई मर्तबा झुकती जाती है

मैंने लिखा था के खुदा करे हर शाम और सहर यूँ ही
गुज़रती रहे

कभी मैं तेरे पहलू में सिमटू कभी तू मेरे साये में
महकती रहे
मैंने लिखा था के जब भी मैं पिघलता हूँ पहाड़ पर
जमी बर्फ के माफिक
तुम मुझे थाम लेती हो चुपचाप नदी के जैसे
मैं क़तरा-क़तरा समां जाता हूँ तुम में और तुम मुझे
बहा ले जाती हो
खूबसूरत वादियों में झरनों में जंगलों में

मैंने लिखा था उसमे के आसमान का चाँद भी फीका
लगता है तुम्हारे आगे
बहती नदी कहाँ ठहरती है तुम्हारी चाल के आगे
सावन उतरता है बूँद दर बूँद प्यासी धरा पर जब तुम
बालों का जूड़ा खोलती हो
अलसाया सूरज पहाड़ के पीछे से निकलता है तभी
जब तुम माथे पर बिंदिया सजाती हो

ज़िक्र उसमे तुम्हारे होंठो पर बड़े कायदे से रखे तिल
का भी था
जिस पर सौ दफ़ा कोशिश करूँ शब्दों में ढालने की
नाकाम कोशिश ही हो पाती है मुझसे अब भी
दूरियां भी लिखी थी मैंने नज़दीकियां भी लिखी थी
ख़ुशी के कुछ पल भी थे उसमे सिसकियाँ भी लिखी थी

बस इतना ही याद है बस इतना ही याद है
घर में धुआं भर गया है सुबह का तारा खिड़की से
झांक रहा है
ख्वाब इशारे से बुला रहे हैं नींद की आगोश में

लालटेन की लौ भी मद्धम हो चली है शाम के कीड़ों
की हज़ारों लाशें पड़ी हैं कमरे में
और मैं भी यादों के बाजार में घूम-घूम कर थक सा
गया हूँ

कुछ हद तक नज़्म मुकम्मल लग रही है अब से इसे
अधूरा नहीं कहूंगा
अगली बार से नज़्मों को संभाल के रखूँगा
अगली बार से नज़्मों को संभाल के रखूँगा

तुझे ख़्वाब लिखूं, महताब लिखूं, आरज़ू लिखूं, जुस्तजू लिखूं या कुछ और

तुझे ख़्वाब लिखूं, महताब लिखूं, आरज़ू लिखूं,
जुस्तज़ू लिखूं या कुछ और
तेरा मासूम सा अल्हड़पन छेड़ देता है मन के सारे तार
और गूँज उठता है इक संगीत आबो-हवा में
सच कहूँ तपती रेत में पहली बरसात सी लगती है तू
मुझे बहका देती है तेरी कस्तूरी जब तू गुज़रती है
हिरनी सी मदमस्त बेख़ौफ़ मेरे अगल-बगल
मैं स्थिर हो जाता हूँ दो पल इस शहर के शोर में
ख़ुदा कसम सर्द ठिठुरती सुबह में मीठी धूप सी लगती
है तू

तुझे अदा लिखूं, लहज़ा लिखूं, कायदा लिखूं, सलीका
लिखूं या कुछ और ....
तेरी झील सी गहरी, ठहरी दो आँखों में तैरते ख़्वाब,

मैं साफ-साफ देख पाता हूँ अपनी बंद आँखों से भी
और जोड़ लेता हूँ मैं उन्हें अपने ख्वाबों की फेहरिस्त
में सच करने को
बात कुछ और नहीं है बस इतना समझ ले
ज़िंदगी की कड़वाहट में मीठी शहद सी लगती है तू

तुझे रफ़ीक़ लिखूं, नसीब लिखूं, ज़रूरत लिखूं,
खूबसूरत लिखूं या कुछ और
तू माने या न माने मेरी ख़ामोशी में पायल की झंकार
सी लगती है तू
तुझे ज़िद लिखूं, हद लिखूं, हया लिखूं, जीने की वजह
लिखूं या कुछ और ....
तुझे ख्वाब लिखूं, महताब लिखूं, आरज़ू लिखूं,
ज़ुस्तज़ू लिखूं या कुछ और
....

फलक पे आधा चाँद

फलक पे आधा चाँद लुका-छिपी खेल रहा था बादलों
की ओट से
ज़मीं पे लालटेन की लौ लड़ रही थी मद्धम हवा से

सामने बह रही शांत सी नदी में लहरों का एक कारवां
गुज़र रहा था बिना रुके-थके
हर इक लहर चल रही थी बड़े कायदे से आगे वाली
लहर की उँगली थामकर
किसी को आगे बढ़ जाने की कोई जल्दी नहीं थी
गीली ठंडी रेत पे मैं कुछ आड़ी-तिरछी लकीरें खींच
रहा था

जुगनुओं का एक झुण्ड जो सितारों को चिढ़ा रहा था
मानो कह रहा हो के ज़मी का चाँद उनके बीच ही रहता
है

मेरे पास में ख़ामोशी का घूंघट ओढ़े मेरी शख्सियत से
मिलता-जुलता एक शख्स बैठा था
जिसकी जुल्फें मेरे चेहरे पे थोड़ी-थोड़ी देर में गुदगुदी
कर जाती थी

वो परेशां था किसी बात से, मैं परेशां था सिर्फ इसी
बात से
कुछ बाल उसके गालों से चिपक रहे थे, शायद वो रोई
थी और आंसू पोंछना भूल गई थी
वो मौन थी पर आँखे बोल रही थी उसकी, और मैं
सीख रहा था आँखों की भाषा
ताकि समझ सकूँ उसकी ख़ामोशी को भी हमेशा जब
भी वो चाहे मुझे चुपचाप कुछ समझाना

थोड़ी ज़िद्दी है जानता हूँ पर ये अच्छा है मेरे लिए
मैं खुद उसकी एक ज़िद बन जाना चाहता हूँ
मैं चुपचाप उसे देख रहा था, रेत पे कुछ लकीरें खींच
रहा था
और वो गीली रेत से शायद ख्वाबों के घर की छत ढाल
रही थी
कसम से उदासी उसके चेहरे पे, दिल में कई ज़ख्म कर
जाती है।

तेरी मीठी रातों से इक रात चुराने आया हूँ

तेरी मीठी रातों से इक रात चुराने आया हूँ
तेरी नीली आँखों से कुछ ख्वाब चुराने आया हूँ
ना दे इल्ज़ाम तू चोरी का, मैं चोर नहीं दीवाना हूँ
इस रात की बस औकात मेरी, मैं नन्हा इक परवाना हूँ
ले चलूँ तुझे तारों की छाँव, आ चल मैं लेने आया हूँ
तेरी मीठी रातों से इक रात चुराने आया
हूँ...................

तेरी चमक पे नहीं अटका मैं, तेरी सादगी पे फिसला हूँ
है आज आखिरी रात मेरी, मोहब्बत के सफर पे
निकला हूँ
रख दे मेरे काँधे पर सर, इक गीत सुनाने आया हूँ

तेरी मीठी रातों से इक रात चुराने आया
हूँ..................

जो मधुर मिलन दो पल का है, वो सदियों पे भारी है
ला पिला दो ज़ाम इन आँखों से, मेरे पैमाने खाली हैं
अधरों पे मुस्कान तो ला, मैं तुझे हंसाने आया हूँ
तेरी मीठी रातों से इक रात चुराने आया
हूँ..................

सुना है चाँद की बस्ती खाली है, वहां किसी से
जान-पहचान नहीं
पत्थर के टीले पर बैठेंगे, सबसे छुपकर चुपचाप कहीं
क्यूँ ऐसे रूठी सोई है, मैं तुझे मनाने आया हूँ
तेरी मीठी रातों से इक रात चुराने आया
हूँ..................

वो देख फलक पर बादल हैं, और चाँद बगल से झांक
रहा
तू याद करेगी रे पगली, इस रात मैं तेरे साथ रहा
बंधन तुझसे है जन्मो का, मैं तुझे बताने आया हूँ
तेरी मीठी रातों से इक रात चुराने आया
हूँ..................

सूरज आने ही वाला है, है थोड़ी सी अब साँस बची
क्यूँ करती है रे ज़िद सजनी, तारों की बारात सजी
तू दुल्हन, मैं तेरा दूल्हा हूँ, मैं ब्याह रचाने आया हूँ

तेरी मीठी रातों से इक रात चुराने आया हूँ
तेरी नीली आँखों से कुछ ख्वाब चुराने आया हूँ

गुलमोहर का वो पेड़

गुलमोहर का वो पेड़ जहाँ हम पहली बार मिले थे
कुहरा-कुहरा चारों ओर था, गेंदे के फूल खिले थे
ख़ामोशी थी चारों ओर और सुबह के सात बजे थे
उनको तब पढ़ने जाना था, पर वो मेरे लिए खड़े थे
गुलमोहर का वो पेड़ जहाँ हम पहली बार मिले
थे..........

होंठ उनके कांप रहे थे, हम भी कुछ गुमसुम थे
सहमे-सहमे वो भी थे और खोये-खोये हम थे
सोच रहे थे शायद हम के वो ही पहले कहेंगे
उधर से भी कुछ ऐसा ही था, पर हम भी अड़े खड़े थे
गुलमोहर का वो पेड़ जहा हम पहली बार मिले
थे..........

आधे घंटे की ख़ामोशी को तोड़ा हमने हँस करके
फिर भी कुछ ना कह पाए हम, जो वो सुनने को बेकल
थे
दोनों सब कुछ समझ रहे, पर कहने में असफल थे

गुलमोहर का वो पेड़ जहाँ हम पहली बार मिले
थे……….

वक़्त भी कब तक मेहरबां रहता, बड़ी देर से हम तनहा
थे
कुहरा भी अब छटने लगा था, कुछ लोग दिखने लगे
थे
सोचा अब जाना होगा, हम जाने को ज्योही मुड़े थे
हम तुम बिन ना जी पाएंगे, आहिस्ते से पीछे से तब
उनके होंठ हिले थे
गुलमोहर का वो पेड़ जहा हम पहली बार मिले
थे……….

तू परेशान है तो आसानी किसको है

तू परेशान है तो आसानी किसको है
सब कुछ यूँ ही मिल जाए तो परेशानी किसको है
वो बहक गया देखा-देखी
कल मै भी जो बहक जाऊं तो हैरानी किसको है

लुट रहा है मुल्क चलो हम भी कुछ लूट लें
मुफ्तखोरी से भला इस मुल्क में बदहज़मी किसको है
तू परेशान है तो आसानी किसको है

इतिहास गवाह है के हमने खुद को खुद ही बर्बाद किया है
हज़ारों साल की ये आदत इक पल में बदल जाए
ये ग़लतफहमी किसको है
अरे धर्म तो जीना सिखाता है हम तो मरने मारने पर आमादा हैं
धर्म और अधर्म में फर्क क्या है
ये समझदारी किसको है

अच्छे भले घरौंदो को हमने तोड़ दिया या टूटने दिया यूँ ही
उजड़ी बस्तियां उजड़े घर बिखरे लोग कोई तो जोड़ दे
अब ये कलाकारी किसको है
हमने तो रिश्वत का रिवाज़ बचपन से सीखा है
चोरों के शहर में रत्ती भर की अब ईमानदारी किसको है

वो कहता है के वो सब कुछ बदल देगा इक दिन
सुबह का भूला लगता है ये अजब सी खुमारी किसको है
निकल पड़ा है वो सच की मशाल हाथ में लिए अकेले ही
झूठ के अस्पताल में ये सच की बीमारी किसको है

तू परेशान है तो आसानी किसको है
सब कुछ यूँ ही मिल जाये तो परेशानी किसको है
वो बहक गया देखा-देखी
कल मै भी जो बहक जाऊं तो हैरानी किसको है

मैं इंसान ही जन्मा था मैं इंसान ही मरूंगा

हर बात में एक कहानी छुपी है जिसके पीछे किरदार
छिपे है
अलग-अलग नक़ाब लगाए हुए, छुपाते है अपनी
असल शक़्ल को इस क़दर जो
कभी सामना हो खुद का आईने से तो खुद की आँख
भी धोखा खा जाए
और नक़ाब ओढ़े हुए किरदार को खुद भी ना पहचान
पाए

यही फलसफा है दुनिया का या ये कह लो अब ये नया
रिवाज़ है
खुद को इतना बदल डालो के खुद से ही कभी
मुलाकात हो जाए जाने-अनजाने
तो खुद को ही खुद का परिचय करवाना पड़ जाए खुद
से

खुदा को ढूंढने चले हैं खुदी को ताख पे रख के
खुद को इंसान कहने वालो को इंसानियत खुद ढूंढ रही
है दिया लेकर के

सच में बहुत मुश्किल हो चला है अपनी खुद की
शख्सियत को मिलावट से बचाकर
ये ज़िंदगी की दौड़ जीत पाना
हाँ ये मैंने कई दफ़ा महसूस किया है जब भी मैं हारा हूँ
मेरे जिस्म पर पड़े ज़ख्मों के निशान तुम देख सकते
हो अगर यकीं नहीं हो तो
पर ये तय है के वक़्त की चाल चाहे कैसी ही चल पड़े
मैं कोई नकाबपोश नहीं बनूँगा
मैं इंसान ही जन्मा था मैं इंसान ही मरूंगा

कुछ अच्छा करना है तो सोच बदलो

कुछ अच्छा करना है तो सोच बदलो
ज़िद करो, ज़िद्दी बनो, उठो, रेंगो मत
दौड़ो, मंज़िल बहुत दूर नहीं है
वो बस तुम्हारी उम्मीद और मेहनत के इक महीन
धागे से बंधी है
तुम्हारा हौसला उसे और मज़बूत करेगा
थको मत, दुनिया बदलने का माद्दा है तुममे
खुद को पहचानो और बदल दो खाका इस समाज का
अपने अंदर के उजाले से

कहते है ना, एकता में बल होता है
तुम आज अकेले हो, पर तुममे जोड़ने का हुनर भी है
भरोसा रखो, भीड़ भी होगी इक दिन तुम्हारे
नक़्शे-कदम पर
चिलचिलाती धूप से मत तिलमिलाओ, सफर का
मज़ा लो

अगर ठंडी रात में तारों की शीतल छाँव में एक गहरी
निश्चिन्त नींद चाहते हो
बस धैर्य मत खोना, विचलित मत होना

तुम्हारा सृजनकर्ता तुम्हे देख रहा है और खुद पे
गर्वित हो रहा है
अपनी अद्भुत रचना पर पुलकित हो रहा है
तुम सब में से नहीं हो, तुम कुछ अलग हो
तुम निश्छल हो, तुम समर्पण हो
तुम में हज़ारो रंग है होली के
तुम में प्रकाश है दिवाली का
तुम में मौज है संक्रात में उड़ती लहराती पतंगों सा
तुम में ताज़गी है सावन की पहली फुहारों सा

बस खुद को जानो, पहचानो, उठो, रेंगो मत
दौड़ो, मंज़िल बहुत दूर नहीं है
वो बस तुम्हारी उम्मीद और मेहनत के इक महीन
धागे से बंधी है
तुम्हारा हौसला उसे और मज़बूत करेगा
थको मत, दुनिया बदलने का माद्दा है तुममे

छुपा लूंगा दर्द के हर निशाँ

छुपा लूंगा दर्द के हर निशाँ
और डाल दूंगा मिट्टी की इक मोटी परत उनपे
वापस बोऊंगा नए बीज कल्पनाओं के, सपनों के
खड़ा करूँगा इक नया पेड़, भले इक सदी खर्च दूँ फिर
से
पर मैं नहीं पहनूंगा कोई नक़ाब
मैं नहीं बदलूंगा वक़्त की किसी चाल पे
बनाऊंगा इक नया आशियाँ इक नया मकाँ
छुपा लूंगा दर्द के हर निशाँ
और डाल दूंगा मिट्टी की इक मोटी परत उनपे
....

भरूंगा कुछ तीखे चटख रंग वापस, ज़िंदगी की
कैनवास पे
और समेट लूंगा सारे बिखरे पन्नें, ज़िंदगी की किताब
के
जोड़ूँगा वापस से टूटे हुए सारे सुर
लिखूंगा इक नया गीत, जो गूंजेगी हर दिशा

छुपा लूंगा दर्द के हर निशाँ
और डाल दूंगा मिट्टी की इक मोटी परत उनपे
....

लूंगा उधार आसमाँ से थोड़ा नीला रंग
अग्नि से थोड़ा सा प्रकाश
हवा से थोड़ा प्राण का संचार
नीर से थोड़ा चरित्र और बहाव
और मिट्टी से थोड़ा आकार
ताकि दे सकूँ स्वरूप इक महामानव को
जो चुकाएगा भविष्य में, प्रकृति से लिए मेरे सारे
उधार
छुपा लूंगा दर्द के हर निशाँ
और डाल दूंगा मिट्टी की इक मोटी परत उनपे
....

हवा चली, पत्ते हिले

हवा चली, पत्ते हिले, कुछ टूट गए, कुछ लगे रहे
कुछ को कीड़ों ने खाया था, कुछ ताज़ा थे कुछ
सड़े-गले

सबकी ख्वाहिश सब जुड़े रहे, पर मौत कहाँ वो टाल
सके
किस पल को रुखसत होना है, ये राज़ कहाँ वो जान
सके कुछ के जाने पर कुछ रोये, कुछ से सब अनजान
रहे
कुछ ने लड़कर खुद को खोया, कुछ सूखे थे कुछ
हरे-भरे

हवा चली, पत्ते हिले, कुछ टूट गए, कुछ लगे रहे
कुछ को कीड़ों ने खाया था, कुछ ताज़ा थे कुछ
सड़े-गले

वो टूट गए सब खत्म हो गया, ये बात सभी ना जान
सके
उनको तो मरकर जीना था, शायद हम ना पहचान
सके
कुछ जलकर के ईंधन बने, कुछ पर लोगों ने लेख
लिखे
कुछ की किस्मत में सड़ना था, कुछ से परिंदों ने महल
बुने

हवा चली, पत्ते हिले, कुछ टूट गए, कुछ लगे रहे
कुछ को कीड़ों ने खाया था, कुछ ताज़ा थे कुछ
सड़े-गले

ये बात नहीं बस पत्तों की, हम सबकी यही कहानी है
पेड़ ज़िंदगी, हम पत्ते हैं, और वक़्त हवा बन जाती है
हम जिनपर लटके बैठे हैं, इक पेड़ की सब शाखाएं हैं
हम मिलकर रहें तो ज़िंदगी है, ये बात कहाँ सब मान
सके

हवा चली, पत्ते हिले, कुछ टूट गए, कुछ लगे रहे
कुछ को कीड़ों ने खाया था, कुछ ताज़ा थे कुछ
सड़े-गले।

बात वो नहीं जो तुम समझ रहे हो

बात वो नहीं जो तुम समझ रहे हो
फर्क सिर्फ अंदाज़े-बयां का है

ये सन्नाटा कुछ और नहीं, अंदेशा किसी बड़े तूफ़ान
का है
लगता है बदलेगी तस्वीर ज़िंदगी की

दोबारा लिखी जाएगी तक़दीर ज़िंदगी की
इस नयेपन पे मत जाओ, अंदाज़ा किसी बड़े बदलाव
का है
बात वो नहीं जो तुम समझ रहे हो

फर्क सिर्फ अंदाज़े-बयां का है
ये सन्नाटा कुछ और नहीं, अंदेशा किसी बड़े तूफ़ान
का है।

क्या तुमने वो लड़की देखी है?

क्या तुमने वो लड़की देखी है?
अभी कुछ देर पहले जिसके ठहाकों से ये घर गूँज रहा
था
उसके नंगे ज़मीन से रगड़ते हुए पाओं की सरसराहट
अभी तो गुज़री थी बगल से
क्या तुमने वो लड़की देखी है?

अपनी उलझी हुई लटों में उसने पूरा घर सुलझा रखा
था
घर में रोशनी रहे सूरज को उसने आँगन में बिठा रखा
था
उसकी एक ज़िंदगी से सब खुद को ज़िंदा समझते थे
सबकी परेशानियों को उसने अपने गालों में पड़े खड्डों
में छिपा रखा था
वक़्त और ज़रूरत के हिसाब से खुद को ढाल लेना हम
सब ने उसी से सीखा है

कैसे औरों के लिए जीते हैं ये हमने उसी में देखा है
क्या तुमने वो लड़की देखी है?

उसकी लड़खड़ाती हुई आवाज़ अब भी गूंजती है कानो
में सीना चीरकर रख देती है
नसों में बहता खून पानी बनकर उतर जाता है पथराई
आँखों में
सारे अंग सुन्न हो जाते है उसकी टीस जाते नहीं जाती
वो कहाँ चली गई है? वो क्यूँ चली गई है?
क्या तुमने वो लड़की देखी है?

चाँद की दूधिया रोशनी में

चाँद की दूधिया रोशनी में रात की पगडण्डी पे
कल कुछ सिरफिरे ख्वाबों ने वापस से बगावत कर दी
इस बात को लेकर के वो बस ख्वाब ही रहना नहीं
चाहते थे
क्यूंकि वो बेहद ऊब चुके थे अपने सच होने के इंतज़ार
में

आखिर उनमें से कुछ बूढ़े सपने भी तो थे, जो बरसों से
अपनी बारी का इंतज़ार कर रहे थे
मैंने आँख के इशारे से इक बेहद छोटे से सपने को
पगडण्डी के किनारे बुलाया और पूछा
तेरी बगावत क्यूँ है, तू तो बहुत भोला है, मान जा,
औरों को भी मना

उनसे बोल के नींद की पगडण्डी से अपना ये हुजूम
हटा लें
मैंने उस नन्हे ख्वाब से चंद और चाँद की दूधिया
रोशनी मांगी

उस नन्हे से ख्वाब ने उन सैकड़ों बूढ़े ख़्वाबों को मना
लिया है कुछ और दूधिया रातों के लिए
पर क्या मैं उन ख्वाबों में कभी जान डाल पाऊँगा?
ये सोचकर मैं कई रात नींद की पगडण्डी पर जाता ही
नहीं
जागता रहता हूँ इस डर से के कहीं कोई ख्वाब फिर से
बगावत न कर दे।

सुना है पिछली रात तुम बहुत रोये थे

सुना है पिछली रात तुम बहुत रोये थे
आँखों का सारा काजल फैला दिया था अपने गालों पर

सुबह के तारे ने सब बता दिया है मुझको
आंसू पोछ लो अब और मत रोना उस चाँद के लिए
सदियों की अमावस तुम्ही ने मांगी थी उससे गुस्से में
आकर
और वो छुप गया है अँधेरा लपेटकर कहीं किसी ऊँचे
पहाड़ के पीछे शायद
या डूब गया है किसी दरिया में

तुम अब चाहकर भी उसे निकाल नहीं पाओगे
वो चाँद अब बेजान सा है, खामोश है, सहमा है, जाने
कहाँ छुपा बैठा है
या खरीद लिया है उसे किसी और आसमान ने, ताउम्र
पूनम का वादा करके

उस चाँद की चांदनी बस तेरे लिए ही थी पगली

तूने इक बड़े तारे की चाह में खो दिया उसको
वो रो रहा था, मेरे छत के ऊपर से गुज़रते हुए

सिगरेट के धुएं में अटक के रुका तो सुन लिया मैंने
मैं घर की बालकनी में ही था कल रात
उस चाँद को ऐसे देखा तो छलक गई मेरी आँखे
अरसे बाद कोई इतना मुझ जैसा, मजबूर दिखा मुझे।

तेरी यादों का तुझसे मुकम्मल कोई और खरीददार नहीं

दिल की दराज़ से हर एक याद निकाली
आहिस्ते से यादों पे पड़ी धूल झाड़ी
हर याद को बड़े करीने से संभाला
खट्टी- मीठी यादों को अलग- अलग झोले में डाला
सोचा बेंच दूंगा इन्हे कोई अच्छा सा खरीददार देखकर
और चल पड़ा मैं सपनों के बाजार में, कुछ यादों का सौदा करने

शाम से चलते-चलते यादों का भरी झोला पीठ पे उठाए
देर रात पहुंचा मैं, सपनो के बाजार में
बड़ा ही अटपटा सा था वो सपनों का बाजार
मेरे जैसे जाने-पहचाने, कुछ अनजाने ऐसे बहुत थे
जो यादों की दुकान लगाए कर रहे थे इंतज़ार, एक अदद खरीददार
सब मायूस थे और मैं भ्रमित, हमेशा की तरह

जाँच-परखकर बड़ी देर बाद इक छोटे से पेड़ के नीचे
बैठ गया मै, यादों की दुकान लगाने
मेरे बगल में कुछ दूरी पर ही बैठा था एक बूढ़ा आदमी
मैंने पूछा बाबा तुम क्या बेचने आए हो
वो बोला मै वो याद बेचने आया हूँ, जब मैं बाप बना
उँगली पकड़ाकर अपने बेटे को दुनिया दिखाई

उसकी हर ज़िद पूरी कराई, उसी बेटे ने कल रात भरी
सर्द रात में
मेरी चारपाई घर से बाहर बरामदे में निकाल दी
ये कहकर के आप बेवजह कराहते हो
मेरी घरवाली ठीक से सो नहीं पाती
अम्मा तो खांस- खांस के कबकी चल बसी, जाने आप
कब जाओगे
बूढ़ा बड़बड़ाया, वो यादें ही मुझे रुलाती हैं
मैं बेच देना चाहता हूँ उसकी हर एक याद
पच्चीस साल पहले की याद, पिछली रात की याद

बूढ़े की बातों में एक पहर निकल गया, मैं झल्लाया
मैंने भी धीरे- धीरे अच्छी-बुरी यादों को झोले से बाहर
निकाला
और सजाकर रख दिए, कुछ पेड़ की टहनियों पे
लटकाए
कुछ पेड़ से टिकाकर रख दिए, और कूदकर सामने से
एक अच्छे खरीददार की तरह
जांचने लगा दुकान की सजावट और सामान को
थोड़ा संतुष्ट हुआ, और बैठ गया अखबार के एक छोटे
टुकड़े पर तनकर

एक अच्छे दुकानदार की तरह

थोड़ी देर बाद कुछ खरीददार आए, तोल-मोल किया,
पर किसी से सौदा नहीं बना
चिड़ियों की चहचहाट ने बता दिया के बाज़ार कुछ देर
ही लगेगा
मैं बाट जोहता रहा पर पूरी रात एक भी खरीददार नहीं
मिला
बोझल मन से मैंने दुकान समेटी, यादों को वापस
झोले में डाला
मेरे पास बैठा वो बूढ़ा आदमी नीला पड़ चुका था

उसने कराहना भी बंद कर दिया था
थका-हारा घर वापस लौटा, यादों को वापस दिल की
दराज़ में रखने लगा

फिर दिल ने कहा
"तेरी यादों का तुझसे मुकम्मल कोई और खरीददार
नहीं
इक एहसान कर, ले जा इन्हें मुझसे औने-पौने दाम
पर।"

कैंटीन की वो तेरह सीढ़ियां

कैंटीन की वो तेरह सीढ़ियां बड़ी मायूस हैं, ऐ दोस्त
खामोश रहकर भी जाने कितने सवाल कर जाती हैं

उन सीढ़ियों के साथ मुझे भी यकीन है,
वो लम्हे तुम भी भुला नहीं पाए होंगे

ये वो तेरह सीढ़ियां हैं जहाँ पर कुछ चेहरों की
मुस्कराहट एक पोटली में बंधी है
और सब उसे भूल आए हैं वहीं किसी एक सीढ़ी पर

तभी तो सब किश्तों में मुस्कुरा पाते हैं
अपने घर पर, ऑफिस में या जहाँ कही भी ठहरता है
कारवां

एक कसक सी उठती है, और पलकें भीग जाती है
पर उन यादों की महक, होंठो पर अधखिली
मुस्कराहट बिखेर जाती हैं

कैंटीन की वो तेरह सीढ़ियां बड़ी मायूस हैं ऐ दोस्त

खामोश रहकर भी जाने कितने सवाल कर जाती हैं
उन सीढ़ियों के साथ मुझे भी यकीन है
वो लम्हे तुम भी भुला नहीं भुला पाए होंगे॥

माँ अब नींद नहीं आती

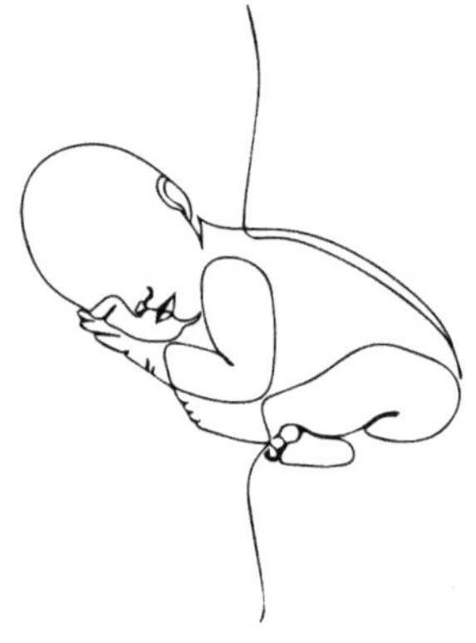

माँ अब नींद नहीं आती
बस तेरी याद सताती है

एक शिकायत है तुझसे
अब तू लोरी नहीं सुनाती है

रातें बिन सपनों की हैं
दुनिया बिन अपनों की है

वैसे तो कोई दर्द नहीं
बस तेरी याद रुलाती है

माँ अब नींद नहीं आती
बस तेरी याद सताती है

एक शिकायत है तुझसे
अब तू लोरी नहीं सुनाती है।

कहाँ गईं वो कहानियाँ भरी रातें

कहाँ गईं वो कहानियाँ भरी रातें
घर के बुजुर्गों की सहूलियत भरी बातें

चूल्हे पर सिकीं वो रोटियां
कहाँ छिपाई है माँ ने मिठाई, रास्ता बताती वो चींटीया

कहाँ गए वो खेलने कूदने के दिन
कहाँ गयी वो मस्तियाँ

बहते वक़्त में छूट गए वो हंसी किनारे
कट जाएगी ज़िंदगी उन यादों के सहारे

अब तो बहुत कुछ बदल गया है
आज का बचपन तकनीकी में उलझ गया है

बढ़ते दिन अब बच्चों के, छोटी होती रातें
कहाँ गयीं वो कहानियाँ भरी रातें

घर के बुजुर्गों की सहूलियत भरी बातें
चूल्हे पर सिंकीं वो रोटियां

कहाँ छिपाई है माँ ने मिठाई
रास्ता बताती वो चींटीयां ॥

आज़ादी सबको है पर

आज़ादी सबको है पर हर आज़ादी के कुछ कायदे और
कानून हैं
वो भी इसलिए क्यूँकि कल अगर आज़ादी के साथ
जुड़ी हुई सारी सीमायें हटा दी जाएँ
तो इंसान ईश्वर को चुनौती देकर खुद को ही भगवान
मान बैठेगा
और फिर एक अनसुनी और अनहोनी जंग छिड़ेगी
खुद को इकलौता ईश्वर बताने की
आज हम अपने मौलिक अधिकारों की आड़ में खुद को
मिली हुई आज़ादी के दायरे तोड़ने की कोशिश में लगे
हुए हैं
पर याद रखिए कि संविधान निर्माताओं ने किसी भी
मौलिक अधिकार को निरंकुश नहीं बनाया है

अपने विचारों को बिना किसी रोक-टोक के व्यक्त
करने की स्वतंत्रता अभिव्यक्ति की आज़ादी कहलाती
है
पर हर आजादी किसी ना किसी दायरे में बंधी हुई
होती है

कहीं पढ़ा था के आपकी स्वतंत्रता सामने वाले की
नाक तक ही सीमित होती है
अभिव्यक्ति की आज़ादी का मतलब किसी भी
सरकार, व्यक्ति-विचार, व्यवहार, किताब या
जाति-धर्म की रचनात्मक आलोचना हो सकती है
पर इस आज़ादी का मतलब ये नहीं है कि आप
आलोचना और अपमान के अंतर को भूल जाएँ
अभिव्यक्ति की आज़ादी हमारे मौलिक अधिकारों का
एक अहम हिस्सा है
पर ये हमे अपने ही मुल्क को, किसी धर्म-जाति या
व्यक्ति-विशेष को अपमानित करने की आज़ादी नहीं
देता है

आज किसी को अभिव्यक्ति की आज़ादी के नाम पर
देश को गाली देने की आज़ादी चाहिए
किसी को आरक्षण से आज़ादी चाहिए, किसी को
आरक्षण की आज़ादी चाहिए
किसी को गौ-हत्या के नाम पर इंसानो की हत्या कर
देने की आज़ादी चाहिए
किसी को सरकार से आज़ादी चाहिए किसी को
परिवार से आज़ादी चाहिए
किसी को कश्मीर की आज़ादी चाहिए
किसी को मंदिर किसी को मस्जिद बनाने की आज़ादी
चाहिए
किसी को भ्रष्टाचार से तो किसी को गरीबी से आज़ादी
चाहिए
किसी को महिलाओं पर हो रहे अत्याचार से आज़ादी
चाहिए

कई तो ऐसे भी है जिन्हें खुद के कर्तव्यों से ही आज़ादी
चाहिए

तमाम तरह की आज़ादी के नाम पर हम निरंकुश तो
होना चाहते है पर कोई भी व्यक्तिगत बुराइयों से
आज़ाद होना नहीं चाहता है

किसी को भी खुद की मानसिकता सही कर लेने की
परवाह नहीं है ना ही कोई खुद को बदलने को तैयार है
पर सबको देश में बदलाव चाहिए

खुद का घर साफ़ हो या ना हो, सड़के, गली- मोहल्ले
सबको साफ़ चाहिए
वोट हम अपराधी को ही देंगे, पर सरकार ईमानदार
होनी चाहिए

गाली हम देश को देंगे पर पासपोर्ट, आधार, राशन,
वोटर कार्ड के साथ-साथ सारे मौलिक अधिकार हमे
इसी देश के चाहिए

एक बात हमेशा याद रखिए कि रंग चाहे जितने भी
गहरे हो पर अँधेरे में सब कुछ काला ही दिखता है
इसलिए पहले खुद को उजाले में लेकर आइए फिर
रंगो को अपने हिसाब से ज़िंदगी की कैनवास में
उतारिये तभी आपको आपके आस-पास काला कम
और बाकी रंग ज्यादा दिखाई देंगे

मेरे हिसाब से संतुष्टि और पूर्णता है आज़ादी

पिंजरे की कैद से किसी परिंदे का बाहर निकलकर
खुले आसमान में पर फैलाना है आज़ादी
अपने संविधान, अपने बनाए हुए एकमत कानून के
दायरे में रहकर जीवन बिताना है आज़ादी
आज़ादी सिर्फ एक शब्द नहीं है एक भाव है जो एक
दायरे के साथ बंधकर आता है

आप आज़ाद है ये कहकर किसी के ऊपर मुँह का पान
नहीं थूक सकते हैं
आप शौक से हवा में हाथ-पैर लहरा सकते हैं पर किसी
को मुक्का या लात नहीं मार सकते हैं
ट्रैफिक के सारे सिगनल कहीं भी कभी भी तोड़ नहीं
सकते हैं
ट्रैन या बसों में बिना टिकट घुस नहीं सकते हैं
जिस देश का खाते है उस देश को जी भर के गालियाँ
नहीं दे सकते हैं
उसके टुकड़े-टुकड़े करने की बात नहीं कर सकते हैं
और यही वो दायरे हैं जिनके साथ आपकी आज़ादी
बंधी हुई है जो आपका सभ्य समाज बनाता है

फुर्सत मिले कभी तो पूछना खुद से अपनी आज़ादी
और उसकी सीमाओं के बारे में
अतीत में झांककर देखना और अपने वर्तमान से
आँख मिलाकर बोल देना
अगर आपको अपनी आज़ादी में कही भी कोई कमी
लगती है

मजबूर हूँ, आ नहीं सकता तेरी पनाह में

मजबूर हूँ, आ नहीं सकता तेरी पनाह में
गुस्ताख़ हवा का इक झोंका भेजा है
हौले से तुम्हे छू कर गुज़र जाएगा

बिखरी हुई जुल्फों को खुद ना सुलझाना
उन्हें रहने देना थोड़ी देर, लाल सुर्ख गालों पर, इठलाने
देना
मैं कल लौटूंगा तो उन्हें कान के पीछे आहिस्ते से लगा
दूंगा

मजबूर हूँ, आ नहीं सकता तेरी पनाह में
गुस्ताख़ हवा का इक झोंका भेजा है
हौले से तुम्हे छू कर गुज़र जाएगा।

....

तू भले इस रात मेरे मुकद्दर में नहीं है
पर इतना जान ले के सच यही है
तेरे बिना कोई रात मुकम्मल नहीं है

तूने कुछ अधूरा छोड़ रखा है, मुझसे भी कुछ अधूरा
छूट गया है
इंतज़ार में हूँ मैं बादल में छुपे पूरे चाँद के दीद का
उस रात ना मैं कुछ अधूरा छोड़ूंगा
ना तुझे अधूरा छोड़ने दूंगा

मजबूर हूँ, आ नहीं सकता तेरी पनाह में
गुस्ताख़ हवा का इक झोंका भेजा है
हौले से तुम्हे छू कर गुज़र जाएगा।
....

थोड़ा सा फर्क पड़ेगा, तुम्हें भी और मुझे भी

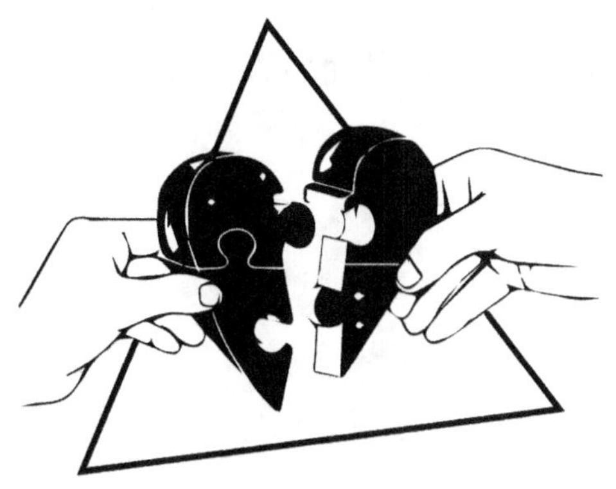

थोड़ा सा फर्क पड़ेगा, तुम्हें भी और मुझे भी
जब हम दूर हो जाएँगे, नदी के दो किनारों के जैसे
जो कभी नहीं मिलते

थोड़ा सा फर्क पड़ेगा, तुम्हें भी और मुझे भी
जब हम चुप हो जाएँगे, पत्थर की तरह
जो कभी बोलते नहीं

थोड़ा सा फर्क पड़ेगा, तुम्हें भी और मुझे भी
जब हम नज़रे चुराएँगे एक दूजे से, अजनबियों के जैसे
जो पहचानते तक नहीं

थोड़ा सा फर्क पड़ेगा, तुम्हें भी और मुझे भी और पड़ना
भी चाहिए
क्यूंकि हम एक थे, एक हैं और एक ही रहेंगे
न मिलके भी हम इन पन्नो में मिलेंगे
और इंतज़ार करेंगे नियति का
जो कभी किनारों को मिलाएगी।।

किसकी तलाश में हो?

किसकी तलाश में हो
क्या ढूंढ रहे हो तुम
क्या-क्या याद है तुम्हे अब तलक
क्या खुद को ही भूल गए हो तुम
क्या तुम में वो बात है
क्या तुम्हारी औकात है
कौन से सवालों में उलझे हुए हो
किसके जवाब से परेशां हो तुम
आग है अभी भी या सिर्फ राख बची है तुम्हारे अंदर
भूख है कुछ पाने की या सिर्फ आस बची है तुम्हारे
अंदर
तूफानों से लड़ पाओगे या पाँव उखड़ने का डर है तुम्हें
जीत जाने का जज़्बा है अभी भी या हार जाने का डर है
तुम्हें
किस मौके के इंतज़ार में हो
किसकी फ़िराक में हो तुम
किसकी तलाश में हो
क्या ढूंढ रहे हो तुम
क्या-क्या याद है तुम्हे अब तलक

क्या खुद को ही भूल गए हो तुम
क्यूँ बेचैन रहती है आँखे तुम्हारी
किस बात से हैरान हो तुम
हँसी रुकती नहीं देर तक तुम्हारे लबों पे
क्या मुस्कुराना भूल गए हो तुम
तुम्हारी क्या पहचान है
क्यूँ सब तुमसे अनजान हैं
किस अँधेरे में गुम हो
किस रोशनी की तलाश में हो तुम
भूलो मत के तुमने पथ के सारे शूल सहे हैं
जब-जब तुमपे आंच आई हँस के सारे विघ्न सहे है
खड़े थे डटकर चट्टानों सा जब अपनों पे विपदा आई
थी
लड़े थे तुम तब तूफानों से जब दरिया में कश्ती
डगमगाई थी
तुम ही कहते थे सत्य अटल विजय सत्य की निश्चित
है
फिर काहे की चिंता तुमको लेस मात्र का भय क्यों है
उठो चलो और कमर कसो मंज़िल पे ही अब रुकना है
निश्चय कर कदम बढ़ाओ अपने किसी मोड़ ना
तुमको ठहरना है
किस बात की नाराज़गी तुमको
क्या खुद से ही नाराज़ हो तुम
क्यों हथियार डाल दिए तुमने
क्यूँ इतने लाचार हो तुम
किसकी तलाश में हो
क्या ढूंढ रहे हो तुम
क्या-क्या याद है तुम्हे अब तलक
क्या खुद को ही भूल गए हो तुम

यादों को यादों की गलियों में छोड़

यादों को यादों की गलियों में छोड़
ख्वाबों को चुनने हम चल दिए हैं
ठंडी सी रात में आँखों को मीचे
दिन की तलाश में हम सिरफिरे हैं
तलब है उजाले को मुट्ठी में करना
अंधेरो को पीछे छोड़कर हम चले हैं
लकीरें हथेली की यूँ ना बदलेंगी
बदलने को तक़दीर सजग हैं, अटल हैं
यादों को यादों की गलियों में छोड़
ख्वाबों को चुनने हम चल दिए हैं

फुरसत नहीं इबादत की

फुरसत नहीं इबादत की तो खुदा से तो शिकायत ना
करें

ना जीत सकें औरों से, तो अपनों से ना लड़ें

उलझने कम नहीं हैं इस ज़माने में, इन्हे और न बढ़ाएं

सुलझाएं इन्हे खुद से, औरों पे न मढ़े

माना उलझी हैं, हाथों और माथे की लकीरें

चलें वक़्त के साथ, वक़्त से न डरें

ये दुनिया गम के साथ खुशियां भी लपेटे हुए हैं

खोजें उन्हें, मुस्कुराते चलें

फुरसत नहीं इबादत की तो खुदा से तो शिकायत ना
करें

ना जीत सकें औरों से, तो अपनों से ना लड़ें

ये जो नफ़रत की हवा है गुज़र जाएगी

प्यार की बोलियाँ बस गुनगुनाते चलें

फर्क तुझमे और मुझमे कहाँ है बता

अलग है कहाँ तेरा मेरा पता

गर हम इंसानियत की राह बढ़ते चलें

उठो आज सबको ज़रूरत तुम्हारी

सारे कंधे से कंधा मिलाते चलें

फुरसत नहीं इबादत की तो खुदा से तो शिकायत ना करें
ना जीत सकें औरों से, तो अपनों से ना लड़ें

इक और साल गुज़र रहा है

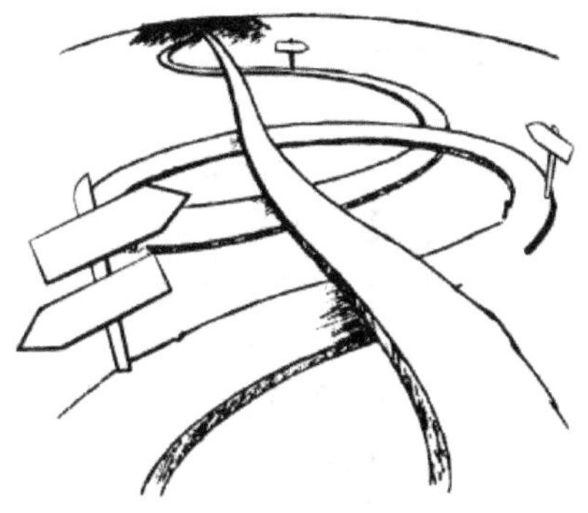

इक और साल गुज़र रहा है, कुछ नमकीन कुछ मीठी
यादें देकर

इक नया साल सामने खड़ा है, वक़्त के अनजान
टुकड़ों को पोटली में बांधकर

नए लिबास में कितना मासूम दिख रहा है

अपनी पलकें खोलने को बेकरार खड़ा है

उम्मीदों का बहुत बोझ होगा इस आने वाले साल पर

कई अनसुलझें सवालों के जवाब भी देने है इसे

कुछ ख्वाब भी बोए हैं मैंने, गुज़रते साल के आखिरी
महीनो में

उन्हें सच भी करके दिखाना है इसे

इक और साल दस्तक दे रहा है, कुछ नई संभावनाएँ
लेकर

इक और साल आ रहा है नई चुनौतियाँ लेकर

नयेपन के रंग में कितना रंगीन दिख रहा है

होंठो पे इसके इक नई धुन है, जिसे पास आते हुए
गुनगुना रहा है
मैं निडर भी हूँ, थोड़ा सहमा हुआ भी
मैं उत्सुक भी हूँ, थोड़ा भ्रमित सा भी
ये कुछ बदलाव लेकर आएगा
ये कभी सैलाब लेकर आएगा
ये कभी सर्दी की ठंडी ओस लेकर आएगा
ये कभी गर्मी की चिलचिलाती धूप लेकर आएगा
ये कभी रिमझिम सी बरसात लेकर आएगा
ये कोई नया इंकलाब लेकर आएगा
ये कुछ नए किरदार लेकर आएगा
ये कुछ रिश्तों को तोड़ता निकल जाएगा
ये कुछ ख्वाबों को हक़ीक़त कर जाएगा
ये कुछ को बिखेरता गुज़र जाएगा
ये फलक पर कभी पूरा चाँद लेकर आएगा
ये कभी काली अमावस रात लेकर आएगा
ये कभी इक नया विश्वास लेकर आएगा
ये कुछ धोखेबाज़ लेकर आएगा
इस नए वक़्त पे भरोसा रखना दोस्तों
ये शायद दो किनारों को भी मिलाएगा
मैं भी तैयार हूँ इस नए साल के स्वागत में
शायद ये मेरी कहानी में कोई प्यारा सा मोड़ लेकर
आएगा
इक और साल गुज़र रहा है, कुछ नमकीन कुछ मीठी
यादें देकर
इक नया साल सामने खड़ा है, वक़्त के अनजान
टुकड़ों को पोटली में बांधकर
नए लिबास में कितना मासूम दिख रहा
है...

आज फिर जूते पहने हैं सुबह-सुबह

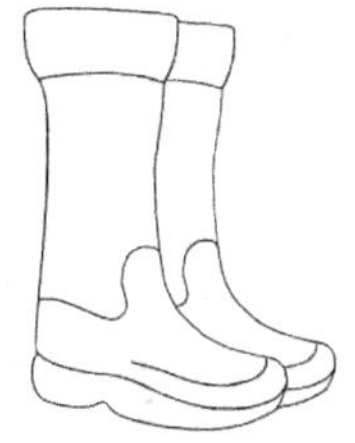

आज फिर जूते पहने हैं सुबह-सुबह, आज फिर पूरे
दिन नहीं उतरेंगे
वक़्त रेत सा फिसलेगा, हम लहरों से लड़ेंगे
नज़र साहिल से टकराएगी, हम थक के भी ना थकेंगे
आज फिर होंगे कई यादगार लम्हे
आज फिर मिलेंगी कुछ खुशियाँ, कुछ सदमे
कुछ से रफीकी बढ़ेगी, कुछ खामखा रक़ीब बनेंगे
कुछ से जन्मों के रिश्ते बनेंगे, कुछ एक पल में
बिखरेंगे
आज फिर कम हो जाएगा ज़िंदगी की डाल से दिन का
एक पत्ता
आज फिर कहेगा कोई हमे सच्चा, कोई झूठा
तन कभी खरहे सा तेज़, कभी कछुए सा सुस्त होगा
आज फिर मन में कुछ नई आकांक्षाओं के पौधे उगेंगे
आज फिर कुछ अधूरे तो कुछ पूरे होंगे
जीत की ख़ुशी लपेटे वक़्त का कोई टुकड़ा हमे हंसा
देगा

कोई टुकड़ा हँसते हुए मुखड़े को आंसुओ से भिगा देगा
आज फिर कपड़े धूल से सन जाएँगे
कल कहीं और थे, आज कहीं और जाएँगे
बात ज़िंदगी के एक दिन की नहीं, इसे जीने के तरीके
की है
कुछ बातें लापरवाही की, कुछ सलीके की हैं
आज फिर जूते पहने हैं सुबह-सुबह, आज फिर पूरे
दिन नहीं उतरेंगे
वक़्त रेत सा फिसलेगा, हम लहरों से लड़ेंगे
नज़र साहिल से टकराएगी, हम थक के भी ना थकेंगे।

बहते जाना पानी की फितरत है

बहते जाना पानी की फितरत है
पर समंदर की लहरों का भी दायरा होता है
उनकी लहरों का भी किनारा होता है
यूँ तो साथ रहते हैं हम सभी
सबको अपना कहते हैं हम सभी
पर अक्सर नज़दीकियों में भी फ़ासला होता है
अपनों को ठुकराने का हौसला होता है
बहते जाना पानी की फितरत है
पर समंदर की लहरों का भी दायरा होता है
कहते हैं फैसलों के लिए समझ चाहिए
ज़िंदगी में जीतने को हौसला चाहिए
पर ठोकर उन्हें भी लग जाती है अक्सर
जिन्हे ज़िंदगी का तजुर्बा होता है
बहते जाना पानी की फितरत है
पर समंदर की लहरों का भी दायरा होता है॥

इतना मुश्किल भी नहीं है, ये जीवन जीना

इतना मुश्किल भी नहीं है, ये जीवन जीना
ज़रूरी है इक अच्छा इंसान बनना
जीत की महक इक दिन ज़रूर आएगी
ज़रूरी है एक सच्चा इंसान बनना
'यूँ तो ख़ुशी और दर्द मिलते ही रहते हैं
ज़रूरी है दर्द को रेत पर लिखना
और ख़ुशियों को पत्थरों पर तराशना'
रेत पर लिखा दर्द, हवा के इक झोंके से उड़ जाएगा
पत्थरों पर तराशी ख़ुशियों को कोई मिटा न पाएगा
ज़िंदगी से भागने से परेशानियां खत्म नहीं होंगी
ज़रूरी है ज़िंदगी का दामन थामना
इतना मुश्किल भी नहीं है, ये जीवन जीना
ज़रूरी है इक अच्छा इंसान बनना
जीत की महक इक दिन ज़रूर आएगी
ज़रूरी है एक सच्चा इंसान बनना।

छोड़कर करवटें बदलना

छोड़कर करवटें बदलना
उठ ज़िंदगी तू नींद से
कुछ पाने की उम्मीद से
उठ ज़िंदगी तू नींद से
नाज़ुक है सपनों की हक़ीक़त से कड़ी
लेकर हाथों में पैगाम, सुबह की पीली धूप खड़ी
बदल दे दुनिया का खाका, तू अपनी पहचान से
तोड़कर ख्वाबों का धागा
उठ ज़िंदगी तू नींद से
कुछ पाने की उम्मीद से
उठ ज़िंदगी तू नींद से ....

ऐसा नहीं है तुझे तुझसे छीन रहा हूँ मैं

ऐसा नहीं है तुझे तुझसे छीन रहा हूँ मैं
ऐ ज़िंदगी, तेरी ज़िंदगी में कुछ नए रंग भर रहा हूँ मैं
फिसल गया था कभी ज़माने की अंधी दौड़ में जो
तेरी उंगली थामकर आहिस्ता-आहिस्ता फिर से चल
रहा हूँ मैं
इक लौ जो बुझ गई थी सीने में पिछली आँधियों में
वो आग फिर से जल उठी है
फिर से तेरी रोशनी में चमक उठा हूँ मैं
ऐसा नहीं है तुझे तुझसे छीन रहा हूँ
मैं.................................
तेरे ख़्वाब अब सिर्फ तेरी आँखों के ख़्वाब नहीं रहे
वो ख़्वाब अब मेरे भी अपने हैं

उन्हें खुद की आँखों में बो रहा हूँ मैं
ऐसा नहीं है तुझे तुझसे छीन रहा हूँ
मैं..............................
तू बस एक साथ का वादा दे दे
मेरी उम्मीदों को थोड़ा सा सहारा दे दे
फिर देख कैसे वक़्त को बदल रहा हूँ मैं
ऐसा नहीं है तुझे तुझसे छीन रहा हूँ
मैं..............................
तू मुस्कान सी बिखर रही है मेरे चेहरे पर
तू लोहबान सी महक रही है मेरे अंदर
तेरे इश्क़ में संवर रहा हूँ मैं
ऐसा नहीं है तुझे तुझसे छीन रहा हूँ मैं
ऐ ज़िंदगी, तेरी ज़िंदगी में कुछ नए रंग भर रहा हूँ
मैं.............

तेरी उंगली थामकर

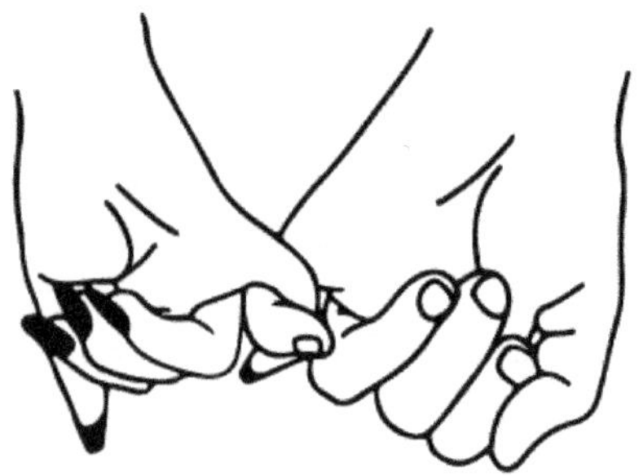

तेरी उंगली थामकर ज़िंदगी के जिस मोड़ से मैं निकल चुका हूँ
मैं जाना नहीं चाहता वहां वापस कभी, ना ही चाहता हूँ कि ये कारवां थमे कहीं
बस यूँ ही चलता रहूँ, मुस्कुराता रहूँ, तुम्हे मुस्कुराता देखकर
मैंने छोड़ दिया था अपने ग़मों का पिटारा वहीँ उसी मोड़ पर कहीं
जब देखा था तेरे माथे पर फिसलती हुई पसीने की बूंदों को मेरी हथेली पर गिरते हुए
तेरी काजल से सनी डबडबाई हुई आँखों में मैंने बीते कल के ढेरों चुभे हुए काँटे देखे थे उस दिन
तभी तो भूल बैठा था अपने दिल में चुभे हुए काँटों को
अब हर धूप बदली सी लगती है मुझे, हवाएँ खुश्क सी लगती हैं
जब से तू आ गया है दिल के गाँव में बसने, हर शाम दिल के नुक्कड़ पे हलचल सी रहती है

मैं तेरे इश्क़ में मरना नहीं चाहता, बस तुझे देखता हूँ तो

तेरे पहलू में जीने की ख्वाहिश और बढ़ जाती है

मैं तेरे इश्क़ के काबिल हूँ या नहीं मैं नहीं जानता, मैं बस इतना जानता हूँ

मेरी मौजूदगी तेरे लबों पे मुस्कान बनकर बिखर जाती है

तू गूंजती है जब भी इर्द-गिर्द मेरे, मेरी आँखों में चमक दिल में ठंडक सी रहती है

तेरी उंगली थामकर ज़िंदगी के जिस मोड़ से मैं निकल चुका हूँ, मैं जाना नहीं चाहता वहां वापस कभी.........

एक अजनबी

शहर में मिला था एक अजनबी मुझसे
बोला उसे मालूम है एक नई छुपी हुई दुनिया तलक
जाने का रास्ता
वो वाकिफ है एक जादुई सीढ़ी से जो वहाँ तक जाती है
रास्ता बहुत आसान है और सफर बहुत छोटा है
उसकी बातो में सिर्फ और सिर्फ सच्चाई झलक रही
थी
और उसकी भूरी आँखों में गज़ब का आत्मविश्वास था
उसने अपने पिछले सफर की बहुत सारी रोचक और
हैरतअंगेज़ बातें भी बताई
उसने बताया के कैसे वहाँ पर एक गुमनाम सबसे
अनजान एक बस्ती है
जहाँ पर गुफाओ के अंदर एक अलग दुनिया रहती है
जो आज के विज्ञान की आँखों से ओझल है

उसने ये भी बताया कि कैसे वहाँ पर लोग हवा और
पानी पर चल सकते हैं
जो ख्वाब सोच ले उसे उसी पल हक़ीक़त में बदल
सकते हैं
वहाँ रात और दिन के मायने हमारे कायदो से
बिलकुल अलग हटकर बनाये गए है
नींद की पाबंदी नहीं है वहाँ, हाँ बस ख्वाब देखने के
लिए आँखें मूंदनी पड़ती है
सबके पास एक तिलिस्मी अंगूठी है जिससे वो कभी
भी कहीं भी पलक झपकते आ जा सकते है
कुछ भी पा सकते हैं
खान-पान की फिक्र ही नहीं सताती है किसी को
जब भी चाहो चीज़े हाज़िर हो जाती हैं भूख प्यास
मिटाने के लिए
ना तो कोई बंधन है ना ही कोई सीमा है
ना आदि है ना अंत है
ना वक़्त की लगाम है ना ही कोई परतंत्र है
हर ओर छाई रोशनी हर कोई वहाँ स्वतंत्र है
निराशा की कोई जगह नहीं आशाएँ अत्यंत हैं
मृत्यु का भी भय नहीं जीवन भी अनंत है
अजनबी बोलता रहा और मैं महसूस करने लग गया
था उस तिलिस्मी दुनिया को
मैं आतुर था वहां जाने के लिए
मैंने ख़ुशी के मारे बस्ते बांध लिए अपने
महीनों बीत गए हैं पर वो अजनबी लौटकर नहीं आया
अब तक
कह कर गया था कि कुछ और ख्वाहिशमंदों को इत्तला
करनी है।

वो रौबदार मूंछो वाला आदमी

वो रौबदार मूंछो वाला आदमी बड़ा मायूस है
बेटी की विदाई ने उसकी सूखी आँखों को डबा-डब कर
दिया है
आखिर बड़े ही नाज़ों से पाला था उसे
अब दूसरे की उंगली थमा दी है उम्र भर के लिए
बेटी कितनी बड़ी हो गई है अब जाके उसे एहसास हुआ
नम आँखों से एक बाप ने उसे अपने से पराया कर
दिया है
घर की दहलीज़ लांघी उसने तो सन्नाटा पसर गया
वो हंसी वापस से सुनने को दिल बेक़रार सा है
पापा खाना लगा दूँ, ये आवाज़ आज रसोई से नहीं
आई
आज खाना अच्छा नहीं लगा, शायद परोसने में थोड़ी
सी मिठास कम रह गई है
बरामदे में लगी आराम कुर्सी पर भी अब वो आराम
कहाँ है
अगल बगल से तितली सी गुज़रती, उसकी पायल की
झंकार कहाँ है

बचपन उसका कब गुज़र गया, देखते-देखते वक़्त का
पता ही नहीं चला
दो हथेलियों में समां जाती थी वो जब उसने पहली बार
अपनी आँखे खोली थी
माँ की ममता तो सब पे भारी है, बाप की आँखों में भी
अब सावन उतर आया है
वो रौबदार मूंछो वाला आदमी आज मायूस है पर
गर्वित भी है
शायद जीवन की असली परीक्षा में वो उत्तीर्ण हुआ है
अच्छे अंको से
अपनी ज़िम्मेदारियों से परिपूर्ण अब वो नियति में
छुपे सुनहरे कल को निहार रहा है
उसने आम के नन्हे पौधे लगाये थे बरसों पहले
ढलती उम्र में शायद आम ही मिले उसे, उसपे वो
रौबदार मूंछे बड़ी अच्छी लगती हैं मुझे बचपन से

कोदई की माँ

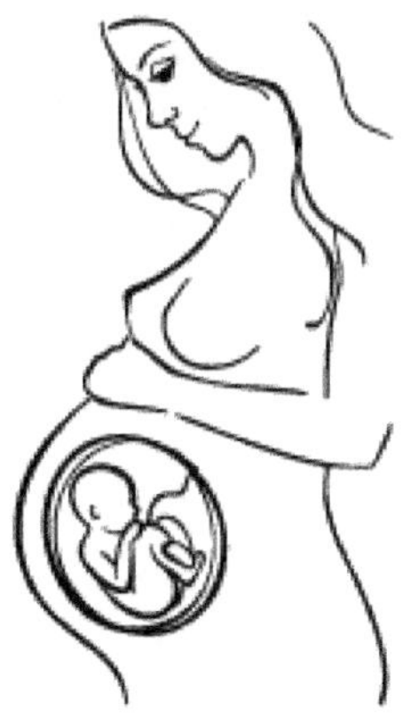

सुबह के ६ बजे दरवाजे पे दस्तक पर
माँ ने दरवाज़ा खोला
कोदई की माँ बर्तन धोने आई थी
हम दुबके पड़े थे रजाई की आगोश में
भरी शीतलहर में, कोदई की माँ मील चलकर आई थी
माँ रोज कहती, अम्मा इतनी ठण्ड में मत आया करो
बूढ़े बदन में ठण्ड लग जाएगी, घर पे ही आराम करो
उसके भूखे पेट का कोई सहारा नहीं था
इसलिए माँ की बात अनसुनी करके, कोदई की माँ
बर्तन धोने आई थी
कोदई को उसकी परवाह न थी
पीने से उसको फुर्सत कहाँ थी
होश में होता तो कभी-कभार रिक्शा चलाता था
साँझ ढले कहीं ना कहीं से पिट के आता था

शायद कल कोदई बीमार था, मैंने सुबह कहते हुए
सुना
उसकी दवाई का परचा लेकर, कोदई की माँ बर्तन
धोने आई थी
सुबह के ६ बजे दरवाजे पे दस्तक पर
माँ ने दरवाज़ा खोला
कोदई की माँ बर्तन धोने आई
थी...

वो दिन-रात बुनती है कुछ मीठे सपने

वो दिन-रात बुनती है कुछ मीठे सपने
फिर उधेड़ती है, वापस बुनती है
और थोड़ी देर में भूल जाती है सपनों के ऊन का गोला कहीं
फिर झुंझलाती है, और बेरंग हो जाते हैं उसके सारे सपने..
....
मैंने बेहद करीब से देखा है, इक मासूम सा बचपन
अभी भी तैरता है उसकी आँखों में
जो हँसता है तो इक कस्तूरी फैल जाती है आबो-हवा में
पूरा मौसम बदल जाता है
लोग जाने क्या देखते हैं उसमे, वो मुझे रहस्यों से भरी मोनालिसा दिखती है
जो गिरती है, संभलती है, वापस गिरती है, फिर संभलती है, चलती रहती है

बेनाम रस्ते पे नंगे पाँव, बिना कोई निशान छोड़े हुए
मैं देखता हूँ उसे, देखता रह जाता हूँ, मैं सोचता हूँ,
सोचता रह जाता हूँ
उसे और उसकी ज़िद को समझने की कोशिश करता
हूँ
उसके चेहरे के राज़ पढ़ने की कोशिश करता हूँ
वो दिन-रात पिरोती है कुछ नए सुर
फिर तोड़ती है, वापस पिरोती है
और थोड़ी देर में भूल जाती है पिरोये हुए सुरों का
धागा कहीं
फिर आंसू बहाती है, और बिखर जाती है उसकी हर
नई
धुन...
....
मेरी दुआ है उसके सपनों के ऊन का गोला कहीं गुम
ना हो
उसके पिरोये सुरों का धागा टूटने ना पाए कभी
ताकि वो बुनती रहे मीठे सपने हमेशा खुद के लिए,
अपने अपनों के लिए
ताकि वो गुनगुनाती रहे प्यारी सी धुन अपने लिए,
अपने अपनों के लिए
वो दिन-रात बुनती है कुछ मीठे सपने
फिर उधेड़ती है, वापस बुनती है
वो दिन-रात पिरोती है कुछ नये सुर
फिर तोड़ती है, वापस पिरोती
है..
....

हॉस्टल की वो पहली रात

भूले से भी ना भूलेगी, हॉस्टल की वो पहली रात
याद रहेगी जीवन भर को सीनियर्स की सिखाई हर
इक बात
सबसे पहले इंट्रो होता, फिर चलते शब्दों के बाण
कोई कहता डांस दिखाओ, मुश्किल में तब पड़ जाती
जान
भूले से भी ना भूलेगी, हॉस्टल की वो पहली
रात...................
कोई जीन्स-टीशर्ट पे चिढ़ता, किसी का बेल्ट पे जाता
ध्यान
पकड़ ना आये मुट्ठी में, सर पे बस हों उतने बाल
नज़र न उठने पाए ऊपर, तीसरी बटन पे रखो निगाह
अपने दोनों पैर सटाकर, पीछे बांधो अपने हाथ
भूले से भी ना भूलेगी, हॉस्टल की वो पहली
रात...................
दरवाज़े पर जब ठक-ठक होती, सुन्न हो जाते हाथ
और पांव
धूप निकल आती रात को, छंट जाती तारों की छाव
कोई कहता ४२३ तो, कोई कहता ३०५
२०२ में तू आ जाना, उसको कहना ४०७

भूले से भी ना भूलेगी, हॉस्टल की वो पहली
रात....................
कौन है मोंटी सर, कौन डाकू सर
बाबा सर का क्या है नाम
मोगली सर का नाम ढूंढते
सुबह से हो गई है शाम
भूले से भी ना भूलेगी, हॉस्टल की वो पहली रात
याद रहेगी जीवन भर को सीनियर्स की सिखाई हर
इक बात

मर्ज़ियाँ मोड़ दी तुमने

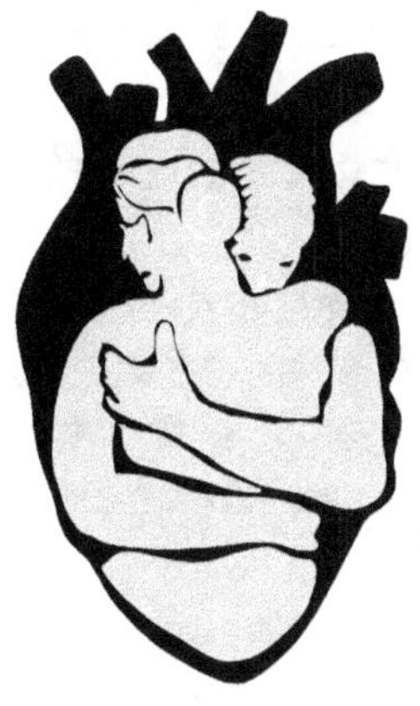

मर्ज़ियाँ मोड़ दी तुमने तो राह बदल गई
अर्ज़ियाँ मानते तो हम मुसाफिर नहीं होते
बस इक सच बोल के मैंने वो सिलसिला शुरू किया था
तुम सौ झूठ न बोलते, तो हम तनहा नहीं होते
जो वक़्त तुमने तमाम नफरतों में खर्च दिए, हमारा
इश्क़ ज़िंदाबाद होता
गर तुम थोड़े बहुत भी मेरे जैसे होते
मेरे ख्वाब टूटे हैं या तोड़े गए है ख़ुदा जाने, तुम बस
तुम न होकर अगर हमारे होते
न ख्वाब टूटते हमारे न तुम तोड़ने देते
उस तूफ़ान में जो घर की खिड़किया दरवाज़े तुमने
खोले नहीं होते
महफ़ूज़ तुम भी होते, महफ़ूज़ हम भी रह पाते
मोहब्बत कर तो बैठे तुम, मोहब्बत समझ नहीं पाए
मोहब्बत समझ पाते जो, तुम पत्थर दिल नहीं होते

समंदर ने बता कब किसी की प्यास बुझाई है, जो
दरिया संग तुम चलते
प्यासे तुम नहीं होते, प्यासे हम नही होते
मोहब्बत के कई किस्से कई बातें, तुमने भी सुनी होंगी
उन्हें दिल से सुना होता तो किस्सा खत्म ना करते
अना ने तेरी आँखों पर एक मोटा पर्दा डाल रखा है, वो
पर्दा खोल पाते तो
परेशां तुम नहीं होते, परेशां हम नहीं होते
वो मौसम गर्मियों का था, तुम बादल को कोस रहे थे
वक़्त पर पानी जो डाल देते, वो गमले सूखे नहीं होते
तुमने खुद ही खुरच कर मिटा दी है अपने हाथों से मेरे
हिस्से की लकीरें
वरना क़यामत तक मैं तेरा होता, तुम सिर्फ मेरे होते
मर्ज़ियाँ मोड़ दी तुमने तो राह बदल गई
अर्ज़ियाँ मानते तो हम मुसाफिर नहीं होते॥

रंग-बिरंगी इस दुनिया में

रंग-बिरंगी इस दुनिया में, मै आज क्यूँ इतना बेरंग सा हूँ

फैली हुई इस धरती पे, मैं आज क्यूँ इतना तंग सा हूँ
सांसे कुछ घुटी-घुटी सी हैं, हूँ आज परेशान हालातों से
सुलझी हुई कुछ बातों में, मैं आज क्यूँ इतना उलझा सा हूँ
रंग-बिरंगी इस दुनिया में, मै आज क्यूँ इतना बेरंग सा हूँ

हवाओं में इक ठंडी महक है, और आसमान कुछ साफ़ है
पर चमकते हुए सितारों में, मैं आज क्यूँ इतना धुंधला सा हूँ
रंग-बिरंगी इस दुनियां में, मै आज क्यूँ इतना बेरंग सा हूँ

पहले भी दर्द हुआ मुझको, पहले भी अश्क़ बहे मेरे
फिर आँखों में कुछ बूंदो से, मैं आज क्यूँ इतना दंग सा हूँ
रंग-बिरंगी इस दुनियां में, मै आज क्यूँ इतना बेरंग सा हूँ

सहा मैंने तूफानों को, शोलों पे भी पदचिन्ह रचे

पर वक़्त के अनकहे कुछ प्रश्नों से, मैं आज क्यूँ ऐसे
बेल्फ़ज़ सा हूँ
रंग-बिरंगी इस दुनिया में, मैं आज क्यूँ इतना बेरंग सा
हूँ
फैली हुई इस धरती पे, मैं आज क्यूँ इतना तंग सा हूँ

मैं इस देश का मतदाता कहलाता हूँ

चुनाव आते ही मैं नेताओ का चहेता बन जाता हूँ
मैं, मैं नहीं रहता किसी न किसी पार्टी का मुखौटा बन
जाता हूँ

मुझे तरह-तरह से लुभाया जाता है
बाद चुनाव के चुनी हुई सरकारें हमे भूल जाती है और
अगले चुनाव के आने तक मैं भी सब कुछ भूल जाता
हूँ

बिन पेंदी का लोटा देश का एक आम नागरिक
मैं किधर भी लुढ़क जाता हूँ
मैं इस देश का मतदाता कहलाता हूँ

मैं कभी धर्म के नाम पर तोड़ा जाता हूँ
कभी जाति-व्यवस्था के नाम पर बाँटा जाता हूँ

मुझे कभी डराया जाता है कभी खुद ही डर जाता हूँ
मेरी खुद की नीयत में ही मिलावट हो गई है

बिन पेंदी का लोटा देश का एक आम नागरिक
मैं किधर भी लुढ़क जाता हूँ
मैं इस देश का मतदाता कहलाता हूँ

मैं कभी किसी लहर में बह जाता हूँ
कभी सोशल मीडिया के अफवाहों के बाज़ार में गुम हो
जाता हूँ

मैं कभी दलितों के नाम पर भड़काया जाता हूँ
मुझे कभी आरक्षण के नाम पर उकसाया जाता है
मुझमे अब सही और गलत की परख ही नहीं बची है

बिन पेंदी का लोटा देश का एक आम नागरिक
मैं किधर भी लुढ़क जाता हूँ
मैं इस देश का मतदाता कहलाता हूँ

मैं कभी मंदिर कभी मस्जिद के नाम पर बहक जाता
हूँ
मैं कभी हरा तो कभी भगवा ओढ़ आता हूँ

कई बार मैं गौ-रक्षक के नाम पर नरभक्षक बन जाता
हूँ

खुद का ईमान बेचकर दीन बचाने की बात करता हूँ
मैं मौका-परस्त हूँ नोट के बदले अपना वोट बेच आता
हूँ

बिन पेंदी का लोटा देश का एक आम नागरिक
मैं किधर भी लुढ़क जाता हूँ
मैं इस देश का मतदाता कहलाता हूँ

मैं अक्सर कानून को हाथ में लेती अराजक भीड़ का
हिस्सा बन जाता हूँ
इनटॉलेरेंस का रोना रोते रोते मैं खुद इन्टॉलरेंट हो
जाता हूँ

मेरे पास कोई अवार्ड नहीं है जिसे मैं वापस कर दूँ
नेता चढ़ाते हैं चुनाव के वक़्त, सब भूलकर मैं चने की
झाड़ पर चढ़ जाता हूँ
कौन टैक्स भरे, कौन ईमानदार बने, किसको देश के
विकास की पड़ी है
डीजल पेट्रोल के बढ़ते दाम पर कभी-कभी मैं नोटा
दबा आता हूँ

बिन पेंदी का लोटा देश का एक आम नागरिक
मैं किधर भी लुढ़क जाता हूँ
मैं इस देश का मतदाता कहलाता हूँ

किसने कितना खाया किसने कितना लूटा
अख़बार की हर खबर पर पान की दुकान पे खड़े खड़े
मैं सिस्टम पर सैकड़ो सवाल उठाता हूँ

और बिना हेलमेट कभी पकड़ लेता है ट्रैफिक पुलिस
वाला, चुपके से उसके हाथ में सौ का नोट थमा आता
हूँ

अच्छी सच्ची मन की बात मुझे जुमला लगती है
पप्पू जब तक पास नहीं हो जाता तब तक उसकी हर
परीक्षा में मैं खुलकर के नक़ल करवाता हूँ
फिर पप्पू की बेरोजगारी पर सरकार को खूब गालियाँ
सुनाता हूँ

बिन पेंदी का लोटा देश का एक आम नागरिक
मैं किधर भी लुढ़क जाता हूँ
मैं इस देश का मतदाता कहलाता हूँ

कभी-कभी जब जाति-धर्म और खुद के स्वार्थ से ऊपर
उठकर सोचता हूँ
तो मुझे मेरा एक वोट बहुत छोटा नज़र आता है

मेरा एक वोट क्या उखाड़ लेगा ये सोचकर कई बार
चुनाव के दिन मिली हुई छुट्टी का मैं आराम से लुत्फ़
उठाता हूँ

मैं देश की सरकारें बनाता हूँ मैं ही सरकारें गिराता हूँ

बिन पेंदी का लोटा देश का एक आम नागरिक
मैं किधर भी लुढ़क जाता हूँ
मैं इस देश का मतदाता कहलाता हूँ

इश्क़ लिखना हो तो तुम्हारा नाम लिखूंगा

इश्क़ लिखना हो तो तुम्हारा नाम लिखूंगा
कोई पूछे जो मुझसे मेरा काम यही काम लिखूंगा
वक़्त काफी ख़र्च किया होगा खुदा ने तुम्हे बनाने में
मैं दिन में तुम्हे आफताब रात में महताब लिखूंगा
अदाएं भी लाखों बख़्शी हैं तुम्हे खुदा ने लहज़े में
लपेटकर
तुम्हारी हर अदा पर एक नया कलाम लिखूंगा
इश्क़ लिखना हो तो तुम्हारा नाम लिखूंगा

सरपरस्ती किसी की भी मंज़ूर नहीं मुझको ऐसे तो
तुम्हे शहज़ादी मानकर खुद को गुलाम लिखूंगा
सोचता हूँ कई मर्तबा खुद से वक़्त निकालकर
तुम पर हज़ारों नज़्मों से सजी एक किताब लिखूंगा
इश्क़ लिखना हो तो तुम्हारा नाम लिखूंगा

यूँ तो काँटों भरी है ज़िंदगी की क्यारी हमारी
मैं खुद को माली तुम्हे गुलाब लिखूंगा

मझधार में भी तूफान का अब कोई खौफ नहीं है
मुझको
मेरी कश्ती का मैं तुम्हे पतवार लिखूंगा
इश्क़ लिखना हो तो तुम्हारा नाम लिखूंगा

रिश्तों की पेंच समझता हूँ पर मुझे उन्हें सुलझाना
नहीं आता
हर मामले में खुद को नादान तुम्हे समझदार लिखूंगा
एक घुप सा सन्नाटा गूंजता है मेरे अंदर
मेरे सवालों का तुम्हें सुलझा हुआ जवाब लिखूंगा
इश्क़ लिखना हो तो तुम्हारा नाम लिखूंगा

वक़्त का क्या भरोसा कब कौन से करवट बैठे
मैं खुद को अनजान तुम्हे खुद की पहचान लिखूंगा
बदलना हो कभी तुम्हे तो शौक से बदल जाना
मैं तब भी तुम को आज खुद को इतिहास लिखूंगा
इश्क़ लिखना हो तो तुम्हारा नाम लिखूंगा

एक और कैंडल मार्च

अंतर्मन को हिलाकर रख देने वाली एक और घटना
हुई है
फिर से हैवानियत ने इंसानियत की अस्मत लूट ली है
इंडिया गेट पर एक और कैंडल मार्च निकल रहा है
हाथो में मोमबत्ती-पोस्टर लिए लोग निकल पड़े हैं
अपने घरों से
बहुतों की सेल्फीज़ भी दिख रही है फेसबुक प्रोफाइल
पे
लगता है देश का मिज़ाज़ गुस्से में है आज फिर से
कुछ दुकानें, बसें जला दी है भीड़ ने गुस्से में आकर
विरोध जताने के लिए
सुबह के अख़बारों में विज्ञापन के साथ सरकार को
कोसती हुई एक और खबर छुपी है

न्यूज़ चैनल्स को ब्रेकिंग न्यूज़ के नाम पे टी आर पी
बटोरने के लिए एक और मसाला मिल गया है
नेताओं के पास एक दूसरे पर कीचड़ उछालने का नया
बहाना मिल गया है
कभी सोचा है आपने इक्कीसवीं सदी के इस भारत में
ये क्या हो रहा है और क्यूँ हो रहा है
आप कहते हैं के सरकार सो रही है, कानून अँधा है,
यहां की अदालतें बस तारीख बांटती हैं
पर आप तो जग रहे हो ना
फिर क्यूँ खुली आँख से अपने आस-पास ये सब होते
हुए देख पाते हो
कभी दूर खड़े रहकर ताली बजाते हो, कभी खुद भी
शामिल हो जाते हो
कभी तो झांक कर देखो अपने अंतस में, क्या तुम्हे
अपने घरों में औरतें नहीं दिखतीं
तुम्हारी माँ, बीवी, बहन, बेटियां नहीं हैं जिनकी सुरक्षा
तुम्हारी ज़िम्मेदारी है
अगर आज भी हाथ पर हाथ रखके चुपचाप बर्दाश्त
करना है या महज़ इसे तमाशा समझना है तो करो
और समझो
कल तुम्हारे अपनों के साथ खुदा-ना-खास्ता ऐसा हो
जाए
फिर निकाल लेना तुम भी एक कैंडल मार्च
मीडिया खुद पहुँच जाएगी तुम्हारे दर्द का पोस्टमार्टम
कर उसकी पर्चियां दुनियाँ भर में उड़ाने
या लटक जाना पंखे से या खा लेना ज़हर ख़ुदकुशी के
लिए गर बर्दाश्त ना हो तुमसे
कोई भी सरकार या क़ानून समाज नहीं बनाती है
वो बस समाज की जैसे-तैसे व्यवस्था चलाती है

समाज बनता है हमसे, हम बनाते हैं उसे
अगर कुछ बदलना है तो खुद को बदलो पहले
सिखाना है तो अपने बेटों को सिखाओ
बताओ उन्हें कड़वे लफ़्ज़ों में के उनके घर में भी माँ है,
बहन है, औरतें हैं जिन पर भी हर पल
हैवानों की नज़रें गड़ी रहतीं हैं, मौका तलाशती हैं
बताओ उन्हें के कैसे तुम्हे रात को सुकून से नींद नहीं
आती है किसी अनहोनी के डर से
बताओ उन्हें के जब तुम घर के बाहर होते हो तो ज़हन
में तुम्हारे एक खौफ बैठा होता है
बताओ उन्हें के जब उनकी प्यारी छोटी गुड़िया जैसी
बहन घर से स्कूल को निकलती है
तबसे उसके लौटकर सही-सलामत घर पहुंचने तक,
तुम्हारा ब्लड-प्रेशर बढ़ा हुआ होता है
बताओ उन्हें ये समझाओ उन्हें
सही और गलत का फर्क, हैवानियत और इंसानियत
का फर्क समझाओ उन्हें
रोटी, कपड़ा, मकान देकर ये मत भूलो की सही
संस्कार भी तुम्हें ही देना है उन्हें
अपराध होगा, क़ानून किसी को पकड़ेगा, कोई कानून
को खरीदकर जूतों के नीचे दबा लेगा
किसी को फांसी हो जाएगी कोई जेल में सड़ेगा
पर ये नहीं रुकेगा, भले ही तुम कितने मार्च निकाल
लो, हड़ताल कर लो, बसें-दुकानें जला दो
ये सब नेताओं अख़बारों और टीवी को एक मसाला दे
जाएगी जिसे वो तुम्हें ही
जाति-धर्म, आस्था, व्यवस्था और राजनीति में
मिलाकर तुम्हारा और समाज का शोषण करेंगी और
करती रहेंगी

ये सब तब तक नहीं बदलेगा या रुकेगा जब तक
समाज और समाज में शामिल हम खुद को और
अपनों की सोच नहीं बदल लेते
सरकारें आएँगी-जाएँगी, कानून बनेंगे अपराध रोकने
के लिए और वापस एक और कानून बनेगा उसी
कानून का तोड़ निकालने के लिए
दूसरों को छोड़िये, आइये हम खुद को बदलते हैं आज
अपने बेटों से बात करते हैं आज
बाहर का कचरा छोड़िये, पहले अपना मन और घर
साफ़ करते हैं आज।

तू कुछ और था

शक्लो सूरत और किरदार सब बदल लिए तूने
वक़्त ने तेरे चेहरे का नक़ाब जो हटाया
तू कुछ और था कुछ और ही नज़र आया

पलकों पर ही रखा था

पलकों पर ही रखा था उसे और उसके ख्वाब को
आँखे खोली दोनों फिसल गए
वो सदियों के लिए रूठ गया मुझसे
मैं और मेरे ख्वाब टूटकर बिखर गए मेरे ही पहलू में

ज़िंदगी

बेवजह ना दिल पे बोझ भारी रखिये,
ज़िंदगी एक ख़ूबसूरत जंग है, इसे जारी रखिये...!

ऐसे बहुत थे

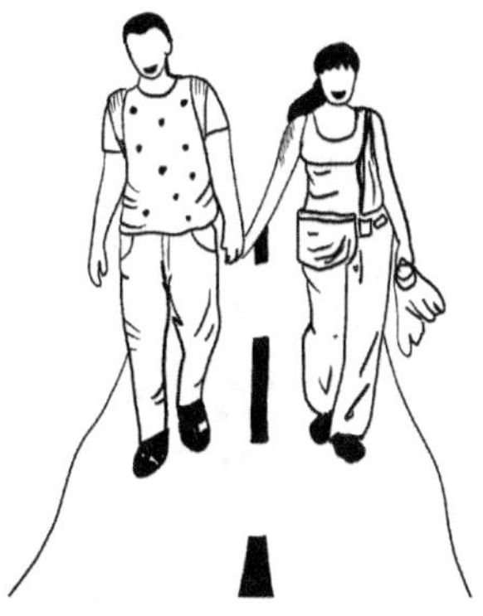

किसी को हद से ज्यादा चाहने पर ऐतराज़ रहा
किसी को बस हमारा इंतज़ार रहा
उलझ कर रह गए हम रिश्तों की बेड़ियों में
सिर्फ वही था जिसे हमसे नफ़रत थी
ऐसे बहुत थे जिन्हें सिर्फ हमसे प्यार रहा

यहां भी कोई गम है, वहाँ भी कोई गम है

मैं खुश हूँ इसका उसे कोई गम है
वो खुश है इसका मुझे कोई गम है
मतलब साफ़ है, ऐ मेरे यारों
यहां भी कोई गम है, वहाँ भी कोई गम है

कहो कैसे कट रही है

उसने पूछा कहो कैसे कट रही है
हमने कहा हम ज़िंदगी को
और ज़िंदगी हमें काट रही है

साँसों की सुई में

साँसों की सुई में वक़्त का धागा डालकर
कोई जब दर्द और खुशियों को पिरोता है
तब जाकर एक दिन ज़िंदगी का मुकम्मल होता है

आवारा ही था मैं, आवारा ही हूँ

नहीं शौक़ तुझसे आज़माइश करूँ मैं
तुमसे बेहतर ही था मैं बेहतर ही हूँ
वक़्त की टिक-टिक पर कब टिका हूँ मैं
आवारा ही था मैं, आवारा ही हूँ

ज़िंदगी समझ जाओगे

तुम्हारा दाहिना और मेरा दाहिना तब एक होगा जब
हम साथ खड़े हों
ना के एक दूसरे के आमने-सामने
जिस दिन तुम ये समझ जाओगे
मेरे हिसाब से ज़िंदगी समझ जाओगे

ज़िन्दगी देख ली हमने

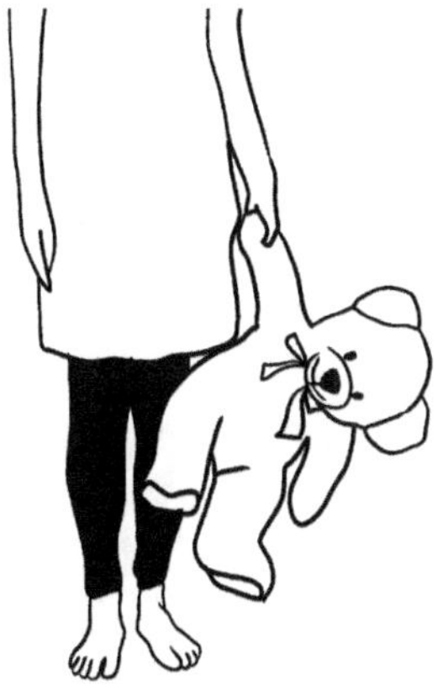

तेरी वफ़ा भी देख ली हमने
तेरी जफा भी देख ली हमने
कम उम्र में पूरी ज़िंदगी देख ली हमने